Género Texto expositivo

Pregunta esencial
¿Qué ideas sacamos de la naturaleza?

INSPIRADOS EN LA NATURALEZA

Emma T

I0799633

Introducción

Las plantas de loto pueden vivir en estanques llenos de lodo. Sin embargo, sus hojas siempre están limpias y secas. La hoja de loto tiene muchas grietas diminutas. Estas grietas retienen burbujas de aire. Las burbujas evitan que el polvo y el agua se asienten sobre la hoja. En vez de eso, las gotas de agua sucia se deslizan por la hoja y caen.

Las hojas de la planta de loto no se ensucian.

La naturaleza está llena de buenas ideas. Las plantas y los animales tienen algunos atributos muy ingeniosos. Ahora, los científicos están estudiando esos modelos. Están creando **productos** nuevos copiando lo que ven en la naturaleza. Los científicos han fabricado pinturas que imitan a la hoja de loto. ¡Estas pinturas se limpian a sí mismas!

AHORA COMPRUEBA

¿Por qué la gente usa las ideas de la naturaleza?

Estos bultos y grietas ayudan a que la hoja se mantenga limpia.

CAPÍTULO 1 DESPLAZAMIENTO

Al copiar lo que vemos en la naturaleza, podemos mejorar nuestra manera de viajar. Los primeros trenes ultrarrápidos de Japón tenían un problema relacionado con el ruido. Cada vez que un tren entraba a un túnel, se producía un estampido muy fuerte.

El martín pescador casi no hace ruido cuando se zambulle en el agua. Los **ingenieros** cambiaron la trompa de los trenes. La hicieron idéntica a la forma del pico del martín pescador. Luego del cambio, ya no se produjeron los estampidos. ¡Resolvieron el problema!

¡El pico del martín pescador y la trompa de este tren son similares!

Este tiburón tiene escamas especiales que lo ayudan a nadar más rápido.

También se puede buscar ideas debajo del agua. La piel de los tiburones tiene escamas especiales. Ayudan a los tiburones a "deslizarse" rápidamente por el agua.

Se ha copiado la piel de los tiburones para fabricar trajes de baño. Los fabricantes de aeronaves hicieron un revestimiento nuevo para las alas de los aviones. También es una copia de la piel de los tiburones. Ahora, los nadadores y los aviones se desplazan más rápido.

Los fabricantes de automóviles estudian a los insectos para obtener nuevas ideas. Un ejemplo es la abeja. Las abejas pueden ver todos los objetos que las rodean. Por eso les resulta fácil no golpearse con las cosas. Las langostas también pueden ser útiles. Pueden volar en grupos grandes, pero nunca chocan unas con otras. Los fabricantes de automóviles quieren crear carros con características similares.

AHORA COMPRUEBA

¿En qué animal se inspiraron para crear los nuevos trajes de baño?

Esta abeja tiene un campo de visión muy amplio.

Capítulo 2 Comunicación

Los científicos estudiaron a los delfines para resolver un gran problema. Los **tsunamis** son olas muy grandes. Es necesario advertir a las personas cuando un *tsunami* se aproxima. Por eso, los científicos tratan de rastrearlos. En el fondo del mar, hay aparatos que recopilan información. La información llega a la superficie en forma de sonido. Pero, en el camino, los sonidos pueden mezclarse y la información puede perderse.

En el año 2004, un *tsunami* en el océano Índico impactó sobre esta aldea de Asia.

Los científicos observaron el modo en que los delfines "hablan" entre ellos. Los delfines tienen una manera ingeniosa de enviar mensajes a través del agua. El sistema que usan es mejor que algunos de los nuestros. Los expertos copiaron la manera en que los delfines envían mensajes. Esto los ayudará a rastrear los *tsunamis*.

Los delfines envían mensajes claros en el agua.

Sistema de alerta de *tsunamis*

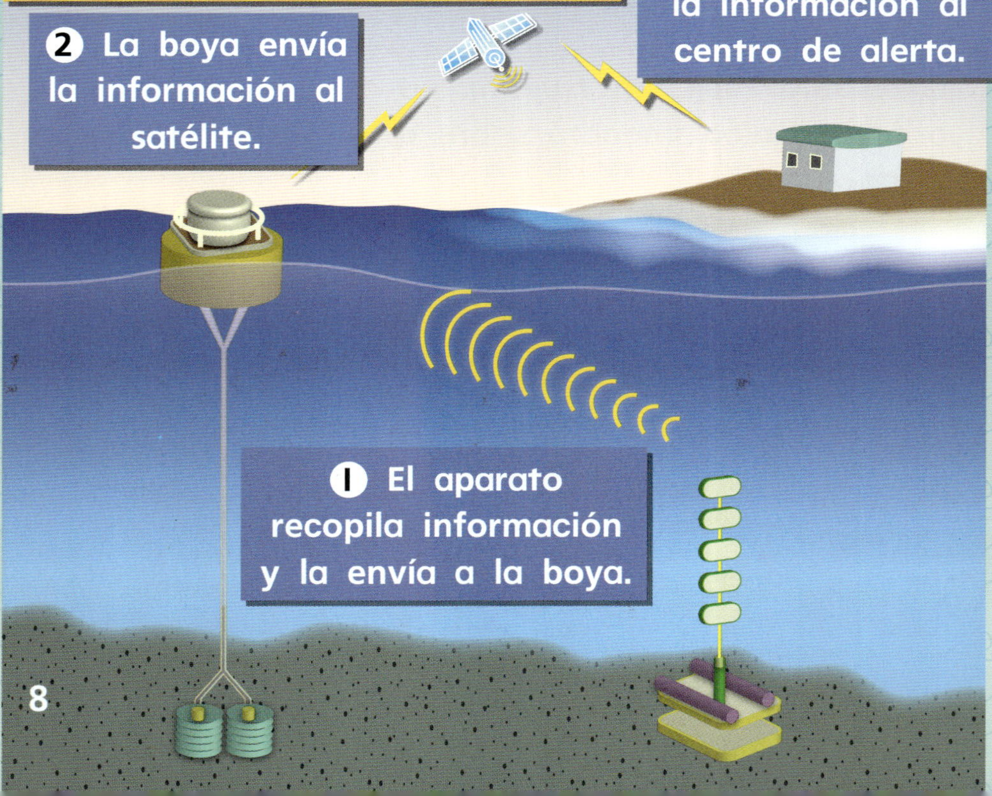

¿Sabías que, en realidad, las plumas de la urraca azul no son azules? Solo parecen azules. Lo mismo sucede con las alas de la mariposa Morpho. Las pantallas de los celulares parecen apagadas si hay una luz brillante cerca. Una compañía está fabricando un celular basándose en las alas de esa mariposa. ¡Los colores de la pantalla se verán brillantes a la luz del sol!

AHORA COMPRUEBA

¿Qué problema resolvieron los científicos estudiando a los delfines?

Por su diseño especial, las alas de la mariposa Morpho parecen de un color azul brillante.

Capítulo 3 En el futuro

El gusano castillo de arena fabrica un pegamento que funciona en el agua. Hoy en día, los médicos usan tornillos y tuercas para reparar huesos rotos. Pero, en algunos casos, el pegamento funcionaría mejor. Los científicos han creado uno basándose en el pegamento del gusano. El nuevo pegamento es seguro y efectivo. Se seca casi en cualquier parte. ¡Podría ser una buena manera de reparar los huesos rotos!

Detective del lenguaje	El verbo usan está en presente. ¿Puedes ponerlo en pretérito?

El gusano construye su hogar con un pegamento especial.

Los dedos de los gecos están cubiertos de miles de “pelos” diminutos.

A partir del geco, surgió la idea de un robot. El pie del geco tiene muchos “pelos” diminutos. Cada uno se divide en muchos más. Se adhieren a cualquier superficie. ¡Es por eso que los gecos pueden trepar por las paredes y caminar por los techos!

Los científicos fabricaron un robot llamado Stickybot. Los pies del robot son como los de los gecos. Pueden agarrarse de cualquier superficie. El Stickybot puede trepar por las paredes. Puede subir por vidrio o metal. En el futuro, se podría usar el material del Stickybot para trepar por rascacielos o gatear por debajo de un puente.

Detective del lenguaje — El verbo fabricaron está en pretérito. ¿Cuál es su infinitivo?

El Stickybot puede trepar por las paredes, como los gecos.

La NASA quiere descubrir maneras nuevas de explorar Marte, un planeta seco y ventoso. En los lugares secos y ventosos crecen plantas rodadoras. Los científicos estudiaron estas plantas. Planearon un robot nuevo. Será redondo, como una planta rodadora. Al igual que la planta, recorrerá largas distancias en el viento.

Este robot no puede viajar por todo el planeta Marte.

AHORA COMPRUEBA

¿Por qué las plantas rodadoras sirven como modelo para un robot que viaje a Marte?

Los científicos podrían fabricar un nuevo robot inspirado en esta planta.

Conclusión

Los **diseños** de la naturaleza están hechos para resistir el paso del tiempo. Los productos que la gente crea usando ideas de la naturaleza no son idénticos a los originales. Pero, observando a las plantas y a los animales, podemos descubrir formas maravillosas de mejorar nuestra vida. ¿Cuáles serán las próximas ideas que la gente tomará prestadas de la naturaleza? ¡Las posibilidades son infinitas!

Este pequeño avión robot espía está inspirado en los murciélagos.

Respuesta a la lectura

Resumir

Usa detalles de *Inspirados en la naturaleza* para resumir la selección. Usa el organizador gráfico como ayuda.

Idea principal
Detalle
Detalle
Detalle

Evidencia en el texto

1. ¿Cómo sabes que este es un texto expositivo? **Género**

2. Anota la idea principal y dos detalles de la página 12. **Idea principal y detalles**

3. ¿Cuál es la raíz de *información* en la página 7? ¿Qué significa esa palabra? **Raíces de palabras**

4. Escribe sobre el producto más interesante de este libro. Incluye dos detalles. **Escribir sobre la lectura**

Género Mito

Compara los textos

Lee sobre cómo un joven dios griego usa elementos de la naturaleza para crear un instrumento musical nuevo.

Hermes y la lira

Hermes era hijo del dios Zeus. El día en que nació, Hermes se bajó de su cuna y salió buscando hacer travesuras. Afuera, vio las vacas de su hermano Apolo. Decidió robárselas. Hermes se tejió sandalias con ramitas para ocultar sus huellas. Para crear más confusión, hizo caminar a las vacas hacia atrás.

En su camino, se cruzó con un hombre viejo que estaba en un viñedo. Hermes le prometió que tendría buenas cosechas si no le decía a nadie lo que había visto.

Hermes condujo a las vacas hacia una cueva. En la cueva, encontró una tortuga muerta. Se le ocurrió una idea. Quería fabricar un instrumento musical. Hermes usó el caparazón de la tortuga para hacer el armazón. Agregó juncos, piel de vaca y tripa de oveja. Así fue como Hermes inventó la lira. La afinó y comenzó a cantar.

Mientras tanto, Apolo buscaba a sus vacas. Le preguntó al hombre del viñedo si las había visto. El hombre reconoció que había visto a un niño que llevaba ganado caminando hacia atrás. Apolo supuso que se trataba de Hermes y le preguntó dónde estaban las vacas. Pero Hermes, en vez de responder, simuló ser un bebé. Entonces, Apolo le pidió ayuda a Zeus.

Zeus le ordenó a Hermes que le devolviera las vacas a Apolo. Pero Hermes, en cambio, comenzó a tocar la lira. Cuando Apolo oyó la hermosa música, aceptó hacer un trato. Hermes se quedó con las vacas, pero le dio la lira a Apolo. Además, Hermes prometió no robarle a su hermano nunca más.

Haz conexiones

¿Cómo se le ocurrió a Hermes una nueva idea a partir de lo que vio en la naturaleza? Pregunta esencial

¿Por qué es útil aprender sobre la naturaleza? Usa ejemplos del texto en tu respuesta. El texto y otros textos

Glosario

diseño plan o instrucciones para construir algo ***(página 14)***

ingeniero persona que construye motores y otras máquinas ***(página 4)***

producto elemento fabricado para venderlo y obtener ganancias ***(página 3)***

tsunami ola gigante causada por terremotos o erupciones originadas bajo el agua ***(página 7)***

Índice

Enfoque:
Ciencias

Propósito Pensar en una idea para un producto nuevo

Paso a paso

Paso 1 Escoge una planta o un animal.

Paso 2 Averigua todo lo que puedas sobre la planta o el animal.

Paso 3 Haz una lista de algunas características que le sean de ayuda a esa planta o ese animal.

Paso 4 Usa una de las características para pensar en una idea para un nuevo producto. Escribe un párrafo sobre el mismo. ¿Para qué servirá?

Conclusión ¿Qué aprendiste sobre la planta o el animal? Comparte lo que descubriste con tus compañeros.